# बेनाम शजर

(ग़ज़लें और नज़्में)

वाणी प्रकाशन

नयी दिल्ली-110002

# बेनाम शजर

नूरजहाँ सर्वत

वाणी प्रकाशन

वाणी प्रकाशन
*4695, 21-ए, दरियागंज, नयी दिल्ली 110 002*
शाखा
*अशोक राजपथ, पटना 800 004*
फ़ोन: +91 11 23273167 फ़ैक्स: +91 11 23275710
www.vaniprakashan.in
vaniprakashan@gmail.com

BENAM SHAJAR
*by* Noorjahan 'Sarwat'

ISBN : 81-7055-719-4

प्रथम संस्करण 2000
संस्करण 2010
मूल्य : ₹ 150



*ओम ऑफ़सेट, दिल्ली-110093 में मुद्रित*

*वाणी प्रकाशन का लोगो मक़बूल फ़िदा हुसेन की कूची से*

माँ शारदा

और

भावी पीढ़ी को

समर्पित

# अपनी बात

शायरी की असल बुनियाद एहसासो-फ़िक्र है, लेकिन आज का इंसान संवेदनाओं और कोमल भावनाओं से कोसों दूर हो गया है। सारे सामाजिक और मानव मूल्य तेज़ रफ़्तार औलादे-आदम की ठोकरों में हैं और अपनी आख़िरी सांसें गिन रहे हैं। सारे इंसानी रिश्ते बेमानी होकर किसी खंडहर की फ़सील के साए में घुटनों में मुंह दिए बैठे हैं मज़ाहिब अपनी जगह, लेकिन वो मज़हबी इदारे हों या सियासी या साइंसी इदारे, इस्तेहसाल रोकने वाला आज कोई नहीं। तहज़ीबों के रिश्ते टूट कर बिखर चुके हैं और यह बिखराव अब और शिद्दत अख़्तियार करता जा रहा है। बढ़ते हुए शहरों और भारी मशीनों के शोर में आदमी की आवाज़ किसी को सुनाई नहीं देती—हमारे दरमियान बड़े से बड़ा हादसा यूं गुज़र जाता है जैसे कुछ हुआ ही न हो। जंग, ज़लज़ला, क़हत, सैलाब, भूख, बीमारियां, फ़िसादात—इन सबके बारे में इंसान एक लम्हे के लिए ठहर कर सोचे, शायद इसकी भी मोहलत नहीं। ऐसे हालात में शायरी बहुत मुश्किल हो गई है—मैं निराशावादी नहीं हूँ लेकिन किसी ख़ुशफ़हमी में मुब्तिला हुए बग़ैर कहा जा सकता है कि अगर इंसान इसी तरह फ़िक्रो-एहसास से दूर होता गया तो एक दिन शायरी नामुमकिन हो जाएगी।

नामुमकिन तो आज भी बहुत कुछ हो गया है। मिसाल के तौर पर आदमी की पहचान—अगर उसकी कोई पहचान रह भी गई है, तो बस उसके नाम से—अब महज़ नाम ही तो आदमी की पहचान है और वह भी इसलिए कि उसे रोज़गार दफ़्तर में ख़ुद को रजिस्टर कराना है, राशन के दफ़्तर में

राशनकार्ड बनवाना है, इलाज के लिए अस्पताल में दाख़िल होना है, हवाई जहाज़ या रेल की सीट रिज़र्व करानी है, वोट का हक़ हासिल करना है, चुनाव में उम्मीदवार बनना है—अगर ये न करना हो, तो नाम की ज़रूरत भी कहां बाक़ी रह जाती है ?

नाम तो आदमी कुत्ते-बिल्लियों के भी रख देता है। लेकिन उसके बावजूद इन जानवरों की अपनी पहचान भी है, जो ग़ालिबन हमेशा क़ायम रहेगी। लेकिन आदमी की पहचान क्या केवल उसके नाम ही से हो सकती है ? इसका जवाब मेरे पास तो कम से कम नहीं है, हां, इतना ज़रूर मानती हूं कि बुद्ध, महावीर और गांधी के असली नामों को जानने वाले गिने-चुने ही होंगे। इन महान् व्यक्तियों की पहचान उनके नाम से नहीं, उनके सुकृत्यों, उपलब्धियों से है।

काम रचनात्मक भी होता है और ध्वंसात्मक भी। लेकिन तख़रीब शेरो-अदब का शेवा नहीं, शेरो-अदब की दुनिया में सिर्फ़ तामीरो-तख़लीक़ को ही 'कर्म' का दर्जा हासिल है। मैं अदबी तहरीकों, नज़रियों और रुझानों पर बहस छेड़कर आपका वक़्त ज़ाया करना नहीं चाहती, मैं तो हिस्सियत से महरूम इस दौर में शेरो-अदब की मामूली तालिबे-इल्म की मानिंद जीना और मरना चाहती हूं, तनस्सुस (जिज्ञासा) की आग में हाथ डालकर इंसान के कर्ब को समेट लेना चाहती हूं। शायरी के इस मुश्किल दौर में मेरे दो-चार शेर भी टूटती-बिखरती तहज़ीबों और पामाल होती इंसानी क़द्रों के ज़ख़्मों का मरहम बन सकें, तो समझूंगी कि मैंने भी कोई काम कर दिखाया। इस काम को मैं 'बेनाम शजर' की शक्ल में आपकी ख़िदमत में पेश करने की जुर्रत कर रही हूं। इस काविश, इस कोशिश को कोई नाम, कोई पहचान मिलनी चाहिए या नहीं, इसका फ़ैसला मैं आप पर छोड़ती हूं।

—नूरजहाँ 'सर्वत'

*नूरजहां 'सर्वत' ग़ज़ल और नज़्म पर एक जैसी महारत रखती हैं। उनका अपना विशेष लबो-लहजा और अंदाज़ है। उनकी ग़ज़ल रिवायत का एहतराम और पासदारी के साथ-साथ ताज़गी भरे अलफ़ाज़ और कैफ़ियात की सार्थक एवं भावपूर्ण दुनिया का निर्माण करती है। नज़्म में उन्होंने ऐसी आज़ाद नज़्म का रास्ता चुना है, जिसमें रस्मी आहंग के अलावा ग़ैर-रस्मी आहंग की झलकियां भी शामिल हैं।*

*नूरजहां 'सर्वत' आम इंसान की तस्वीर के ताल्लुक से हर लम्हा यादों, ज़िंदगी की ऊबड़-खाबड़ सच्चाइयों, जेहनी, जज़्बाती टकराव और ख़्वाबों की खुशगवार व नाख़ुशगवार कैफियतों के दरम्यान एक साथ सरगर्मे-सफ़र नज़र आती हैं। ग़ज़ल एवं नज़्म दोनों ही विधाओं में उनकी सृजनशीलता पूरी ताक़त व चमक के साथ रवां-दवां है। उनके कलाम से जो इंसानी पैकर उभर कर सामने आता है, वह उदासियों में घिरा हुआ होने के बावजूद पूरे आत्म-विश्वास के साथ जीवन जीने में मसरूफ़ है। नूरजहां 'सर्वत' के यहां परिवर्तन का एहसास उनकी सोच का बुनियादी तत्व है। सच्चाई यह है कि उनकी शायरी से जो सरसब्ज़ और शादाब फ़ज़ा उभर कर सामने आती है उसकी अपनी ही एक पहचान है।*

**बलराज कोमल**

*(सुप्रसिद्ध शायर)*

*मैं नूरजहां 'सर्वत' की जुर्रतमंदियों का बहुत सम्मान करता हूँ। उनकी नज़्में मुझे पसंद आई हैं। कुछ नज़्में तो बहुत पसंद आई हैं। उनके यहां बौखलाहटों के असबाब के बावजूद 'इन्कार' पर भरोसा किए जाने का गुण, उदासियों में घिर कर अकेले में चेहरा छुपा लेने की बजाय अपने आपको लगातार खुले में खड़ा रखने का हौसला, उन्हें बड़ा गौरवपूर्ण बनाता है।*

**जोगिन्दर पाल**

*(प्रसिद्ध कहानीकार)*

*इस दुखद सच्चाई का सामना किसी भी भावुक शख़्स को मानसिक रूप से अपंग बना देने के लिए काफ़ी है कि हमारे दौर में मानवीय रिश्ते तेज़ी से अपना अर्थ खो रहे हैं। मुहब्बतों, चाहतों और नातों का खोखलापन लगातार रिसते रहने वाला नासूर बन जाता है और यह दुनिया हुस्न और नूर से वंचित दिखाई देने लगती है। इसका लाज़िमी नतीजा बेहिसी होता है और फिर कोई भी ज़लज़ला, कोई भी हादसा हमें झिंझोड़ने में नाकाम रहता है। नूरजहां 'सर्वत' का दुख जैसाकि उन्होंने 'अपनी बात' में कहा है यही है कि ऐसे हालात में शायरी बहुत मुश्किल हो जाती है। अगर इंसान इस तरह सोच और एहसास से दूर होता गया तो एक दिन शायरी नामुमकिन हो जाएगी।*

*ज़रा सोचिए कि नूरजहां 'सर्वत' का यह अंदेशा अगर कभी हक़ीकत बन गया तो चांद, सितारे, झरने, गुलज़ार, खिलती कलियों की ताज़गी, भीगे पेड़ों के सब्ज़ आंचल, नीली झीलों का सन्नाटा और पहाड़ों पर फैले हुए सुरमई बादल किसे आवाज़ देंगे ? आदमी क्यों जिएगा ? नूरजहां 'सर्वत' की अधिकांश शायरी इसी अंदेशे और अंदेशे से पैदा होने वाले भय और दुख की निशान-देही करती है। उनकी शायरी का यह दुख सिर्फ़ उन्हीं का नहीं हम सबका मिला-जुला दुख है। उनकी ग़ज़लें ही नहीं, नज़्में भी आपको घनी, गहरी उदासियों के अनदेखे टापुओं पर ले जाएंगी, जो जिंदगी करने के अमल में कभी आपके क़रीब आते रहे हैं और कभी ओझल होते रहे हैं।*

**केवल सूरी**
*(उर्दू कवि एवं कथाकार)*

# अनुक्रम

**ग़ज़लें**

नज़्में

## बेनाम शजर

मैं हूं एक शजर[1]
तुम देखो
मेरी शाखें दूर-दूर तक
इधर-उधर हैं फैली हुई
धरती के नीचे भी हूं मैं
और धरती के ऊपर भी

ओस ने प्यार से सींचा मुझको
धूप ने बख़्शा सोना
बन की हवाएं प्यार किया करती हैं मुझको
जैसे मैं ख़ुद उनकी हूं
कितनी शक्तिमान हूं मैं
और फिर कितनी कोमल

मैं चाहूं
यह क़र्ज़ अदा हो
जैसे भी हो
उसको अपनी

1. पेड़।

सारी ठंडी छाया दे दूं
जिस धरती से मैं जनमी हूं
उसको अपनी काया दे दूं
लेकिन मैं अपनी धरती से
जाने कब की उखड़ चुकी हूं
जिस धरती ने सींचा मुझको
उसका पूरा हक़ है, मुझ पर
मेरी ख़ुशबू
मेरी ठंडक
मेरे साए
मेरे सारे रस-रहस्य
जिनमें मेरी रूह छुपी है
जिनसे बनी है मेरी काया

# ग़ज़लें

रिफ़ाक़तों[1] ने दिए हैं मुझको, अदावतों[2] के इताब[3] सारे,
मिरे ही दिल पर हुए हैं नाज़िल[4], मुहब्बतों के अज़ाब[5] सारे।

ख़ुशी की महफ़िल न रास आई, हज़ार चाहा कि मुस्कराएं,
तपिश से ग़म की झुलस गए हैं, शगुफ़्तगी[6] के गुलाब सारे।

यही है तदबीरे[7] हुस्ने गुलशन, एवज़ गुलों के मिले हैं कांटे,
अजीब क़िस्मत का है करिश्मा, गुनह बने हैं सवाब सारे।

गुरूर से सर उठा रहे थे, वो जश्ने-हस्ती[8] मना रहे थे,
हवा ने खींचा जब अपना दामन, हवा हुए फिर हुबाब[9] सारे।

वो ख़ुशबुओं का लिबास पहने, मिला कुछ ऐसे कि एक पल में,
पड़े हुए थे जो जिस्मो-जां पर, उतर गए वो नक़ाब[10] सारे।

सवाल सादा-सा ज़िंदगी से, किया था हमने भी एक 'सर्वत',
वो पत्थरों की हुई है बारिश, कि मिल गए हैं जवाब सारे।

---

1. मित्रताएं 2. शत्रुताएं 3. सज़ा 4. उतरना 5. यातना 6. कोमलता 7. उपाय 8. जीवन का उत्सव 9. बुलबुला 10 पर्दा।

महसूस हो रहा है कि दुनिया सिमट गई,
मेरी पसंद कितने ही ख़ानों में बंट गई।

तनहाइयों की बर्फ़ कि पिघली नहीं हनोज़[1],
वादों के एतबार की भी धूप छट गई।

हमने वफ़ा निभाई बड़ी तम्कनत[2] के साथ,
अपने ही बल पे ज़िंदा रहे उम्र कट गई।

दौरे-ख़िरद[3] वो दौरे-ख़िरद है कि क्या कहें,
क़ीमत बढ़ी है फ़न की मगर क़द्र घट गई।

'सर्वत' हरेक रुत में लपेटे रहे जिसे,
वो नामुराद आस की चादर भी फट गई।

1. अब तक 2. गर्व 3. बुद्धि का युग

जी चाहता है फिर कोई पैकर[1] तराशिए,
फ़न का ख़ुदा ख़मोश है पत्थर तराशिए।

ऊँचे हैं जो मकान छतें उनकी पस्त[2] हैं,
रहना है इनमें आपको तो सर तराशिए[3]

इक उम्र से मैं ज़ात के महबस[4] में बंद हूं,
अब वक़्त कह रहा है कोई दर तराशिए।

तेशे मिज़ह[5] के नहर बहाएंगे नूर की,
आंखों में जो छुपे हैं वो मंज़र[6] तराशिए।

अब आईनों के ऐबो-हुनर[7] छोड़िए जनाब,
ज़ौक़े-नज़र[8] अगर है तो जौहर तराशिए।

दरकार[9] है जहां में फ़क़त अज़्मे-कोहकन[10],
फ़िक्रो-अमल[11] से अपना मुक़द्दर तराशिए।

'सर्वत' सनम तराश लिया आपने तो क्या,
फ़न के ख़ुदा का हुक्म है आज़र[12] तराशिए।

---

1. मूर्ति, आकृति 2. नीची 3. यहां इसका शब्दकोश का अर्थ न लिया जाए 4. क़ैदखाना 5. पलकों के कुदाल 6. दृश्य 7. दोष-गुण 8. पारखी 9. ज़रूरत 10. फरहाद का दृढ़ संकल्प। शीरीं के प्रेमी फ़रहाद की उपाधि, जिसने शीरीं के पिता की इच्छा से पहाड़ काट कर दूध की नहर निकालते हुए अपने प्राण दे दिए थे 11. चिन्तन तथा क्रिया-शीलता 12. हज़रते-इब्राहीम के पिता जो मूर्तियां बनाते थे। जबकि हज़रत इब्राहीम ने मूर्ति पूजा का विरोध किया था।

चलने लगी ज़मीन तो रुकना पड़ा मुझे,
पहले क़दम के बाद संभलना पड़ा मुझे।

अपनी तपिश[1] में आप झुलसना वो फ़र्ज़ था,
अक्सर पराई आग में जलना पड़ा मुझे।

जिस दश्ते-बेशजर[2] में जुनूं[3] मुझको ले गया,
उम्मीद के भी साये से डरना पड़ा मुझे।

कितनी तहें थीं चेहरे के ऊपर चढ़ी हुईं,
इस नक़्श को भी कितना खुरचना पड़ा मुझे।

ऐसा यहां था कौन जिसे अपना कह सकूं,
सबको सलाम दूर से करना पड़ा मुझे।

जो हमरही[4] के शौक़ में निकला था मेरे साथ,
उसका भी आज हाथ झटकना पड़ा मुझे।

गलियों में इसकी कुछ न मिला कर्ब[5] के सिवा,
अब आरज़ू का शहर बदलना पड़ा मुझे।

तनहारवी[6] के लुत्फ़[7] को 'सर्वत' त्याग कर,
औरों के साथ-साथ भी चलना पड़ा मुझे।

---

1. जलन 2. बिना पेड़ों का जंगल 3. उन्माद 4. रास्ते में साथ चलने वाला 5. पीड़ा 6. अकेले चलना 7. आनंद।

थी किताबे-ज़ीस्त[1] वरक़-वरक़, कोई सिलसिला ही न मिल सका,
किसी ज़ात का किसी नाम से, कोई राब्ता[2] ही न मिल सका।

कोई ख़्वाब था कि ख़्याल था, वो सुरूर[3] था कि सराब[4] था,
खुली आंख देखा जो ग़ौर से, कोई फ़ैसला ही न मिल सका।

न थी दूर मंज़िले-आरज़ू[5] दिले-खुशगुमां[6] का क़ुसूर क्या,
सरे-राह ऐसा गुबार था, हमें रास्ता ही न मिल सका।

अजब इब्तिदा हुई इश्क़ की कि मिज़ाज ऐसा गया बदल,
कहीं और दिल को लगा सकें, हमें हौसला ही न मिल सका।

कहो 'सर्वत' अब भी अकेली हो नई राह तुमने चुनी थी क्या,
किसी रहनुमा[7] का गिला है या कोई क़ाफ़िला ही न मिल सका।

---

1. ज़िंदगी की किताब 2. संपर्क 3. आनंद 4. भ्रम 5. उम्मीदों की मंज़िल 6. जिसके विचार किसी की ओर से अच्छे हों 7. मार्गदर्शक।

आशिक़े-रंग[1] न सहरा का वो सौदाई[2] है,
वो तो बस दौलते-खुशबू का तमन्नाई है।

मेरे अफ़कार[3] के हमज़ाद[4] रहा करते हैं,
कितना आबाद मिरा गोशा-ए-तनहाई[5] है।

मेरे ग़मखाने में रोशन है इक ऐसा भी दिया,
जिसकी लौ मेरी तमन्ना है तवानाई[6] है।

उभर आता है मिरा दर्द जहां जाती हूं,
मेरे हमराह तिरी याद की पुरवाई है।

वो मिले आज तो महसूस हुआ है 'सर्वत',
उनकी ख़ुशबू से बहुत दिन की शनासाई[7] है।

---

1. रंग का अनुरागी 2. प्रेमी 3. विचारों 4. स्वयं के अनुरूप 5. अकेलेपन का कोना 6. शक्ति 7. पहचान।

अपनी आंखों में कोई ख़्वाब सजाकर देखो,
आईना अपने तसव्वुर[1] को बना कर देखो।

दिल दुखाकर तो बहुत हंसते रहे हो लेकिन,
किसी रोते हुए दिल को भी हंसाकर देखो।

उम्रे-रफ़्ता[2] भी पलट आएगी मौसम की तरह
बीती यादों को कलेजे से लगाकर देखो।

आग नफ़रत की तो जब चाहो लगा सकते हो,
शोले नफ़रत के किसी रोज़ बुझाकर देखो।

राहबर[3] भी तुम्हें रहरो[4] ही मिलेगा 'सर्वत',
किसी रहबर से क़दम अपने मिलाकर देखो।

---

1. कल्पना 2. बीती उम्र 3. पथ-प्रदर्शक 4. पथिक।

भुला चुके थे मगर ये मुआमला कब था,
उसे न याद करें इतना हौसला कब था।

हरेक दौर में सच कहके संगसार[1] हुए,
हमारे हक़ में ज़माने का फैसला कब था।

सहारा बख़्श दिया हमको यादे-माज़ी[2] ने,
तुम्हारे दौर में जीने का वलवला[3] कब था।

क़दम कशाकशे[4] अक़्लो-जुनूं ने रोक दिए,
वफ़ा की राह में पहले यह मरहला कब था।

उजाले जिसने बिखेरे हैं मेरी राहों में,
तिरी सदा थी सितारों का क़ाफ़ला कब था।

रहे हैं कुश्ता-ए-हालात[5] यूं तो हम 'सर्वत',
हमारे होटों पे हालात का गिला कब था।

1. पत्थर मार-मार कर किसी व्यक्ति को मार डालना 2. अतीत की याद 3. उत्साह 4. खींचातानी
5. परिस्थितियों का मारा हुआ।

फिर कोई अपनी वफ़ा का वास्ता देने लगा,
दूर से आवाज़ मुझको हादसा[1] देने लगा।

तय करो अपना सफ़र तनहाइयों की छांव में,
भीड़ में कोई तुम्हें क्यों रास्ता देने लगा।

राहज़न[2] ही राह के पत्थर उठाकर ले गए,
अब तो मंज़िल का पता ख़ुद काफ़िला देने लगा।

क़ुरबतों[3] की आंच में जलने से कुछ हासिल न था,
कैसे-कैसे लुत्फ़ अब ये फ़ासला देने लगा।

शहरे-नापुरसां[4] में ऐ 'सर्वत' सभी क़ाज़ी बने,
यानी हर नाफ़हम[5] अपना फ़ैसला देने लगा।

1. दुर्घटना 2. राह भटकाने वाला, लुटेरा 3. नज़दीकियां 4. ऐसा शहर जहां कोई किसी को पूछता न हो 5. नासमझ।

है मुनासिब दूर रहना ख़ुदनगर[1] फ़नकार से,
नापता हो क़द जो अपना शहर की मीनार से।

अहतियातें थीं मुनासिब जब समाअत[2] थी बजा,
अब तो अपने दिल की सब कहने लगे दीवार से।

उम्र भर देखा हुआ वो आरज़ू का ख़्वाब था,
कितनी आसूदा[3] हुई हूं अपने ही इंकार से।

दस्तो-बाज़ू की भी क़ुव्वत[4] आज़मा ली जाएगी,
ज़ंग तो पहले छुड़ाने दीजिए तलवार से।

यूं रिवायत[5] से बग़ावत[6] बेसबब अच्छी नहीं,
बुत पुराने तोड़िए 'सर्वत' नए अफ़कार[7] से।

1. स्वार्थी 2. सुनने की शक्ति 3. संतुष्ट 4. बल 5. परंपरा 6. विद्रोह 7. विचार।

कोई रवाना हुआ नज़्रे-यास[1] करके मुझे,
अकेला छोड़ गया ख़ुदशिनास[2] करके मुझे।

निगाह ज़हर थी जिसकी अदा-अदा निश्तर[3],
रहा ख़ुलूस[4] से वो रू-शनास[5] करके मुझे।

मैं अपने साथ हूं जिस हाल में हूं जी लूंगी,
न चैन आएगा उसको उदास करके मुझे।

फिर उसके बाद उसे अपनी कोई सुध न रही,
जो मुतमईन[6] था बहुत बदहवास[7] करके मुझे।

तमाम उम्र का हासिल जिसे मैं समझी थी,
गुज़र गया वही लम्हा उदास करके मुझे।

वो इक लतीफ़[8]-सा झोंका मता-ए-जां[9] 'सर्वत'
चला गया है किधर ख़ुशलिबास[10] करके मुझे।

---

1. निराशा देकर 2. आत्म-परिचित 3. शूल 4. निष्कपटता 5. परिचित 6. संतुष्ट 7. बौखलाया हुआ 8. मृदुल 9. ज़िंदगी की पूंजी 10. सुन्दर वस्त्र।

तमाम उम्र का क़िस्सा लिखूं इरादा था,
ये और बात वरक़ दिल का फिर भी सादा था।

गुमां यक़ीन की हद तक कभी नहीं आया,
भरोसा अपनी समझ पर मुझे ज़ियादा था।

मुझी पे ख़त्म हुईं दोस्तदारियां सारी,
कि मेरे दर्द का दामन बहुत कुशादा[1] था।

न जाने कैसे हुई मात बादशाह को भी,
हमारे पास तो ले-देके इक पियादा था।

तुम्हारे दौर से 'सर्वत' निबाह कर न सकी,
कि उसके पास रिवायात का लबादा[2] था।

---

1. विशाल 2. चोग़ा।

कौन तनहाई का एहसास दिलाता है मुझे,
ये भरा शहर भी तनहा नज़र आता है मुझे।

जाने किस मोड़ पे खो जाए अंधेरे में कहीं,
वो तो ख़ुद साया[1] है जो राह दिखाता है मुझे।

उसकी पलकों से ढलक जाऊं न आंसू बनकर,
ख़्वाब की तरह जो आंखों में सजाता है मुझे।

अक्स[2] ता अक्स बदल सकती हूं चेहरा मैं भी,
मेरा माज़ी[3] मगर आईना दिखाता है मुझे।

वो भी पहचान न पाया मुझे अपनों की तरह,
फूल भी कहता है पत्थर भी बताता है मुझे।

अजनबी लगने लगा है मुझे घर का आंगन,
क्या कोई शहरे-निगारां[4] से बुलाता है मुझे।

कोई मौसम हो मेरी आस न टूटी 'सर्वत',
हर नया झोंका ख़लाओं[5] में उड़ाता है मुझे।

1. परछाईं 2. प्रतिबिंब 3. अतीत 4. हसीनों का शहर 5. शून्य।

बहुत डूबे रहे मन की चुभन में,
ज़रा अब जाके देखें अंजुमन में।

हुए हैं शहर इंसानों से ख़ाली,
कि तहज़ीबें[1] बसी हैं जाके बन में।

भला आईने को इसकी ख़बर क्या,
कि कितना खोट है किस-किसके मन में।

ख़ुदा जाने ये कैसी बद्दुआ है,
लिपट जाती है हर ख़्वाहिश कफ़न में।

कहूं क्या उसमें किस दर्जा कशिश[2] थी,
कि 'सर्वत' खो गई जिसकी लगन में।

---

1. सभ्यताएं 2. आकर्षण।

कदूरतें[1] थीं ग़ज़ब की कि मुंह छुपाना पड़ा,
वो शहरे-दोस्त था लेकिन पलट के आना पड़ा।

अजीब जंग थी जिसका हरीफ़[2] कोई न था,
तमाम उम्र लड़े फिर भी हार जाना पड़ा।

न लाग[3] थी कोई उससे न था लगाव कोई,
बस एक बात थी हर रंग में निभाना पड़ा।

शरीके-ज़ात[4] हो कोई ये कब गवारा था,
हमें ख़ुशी है कि ग़म अपना ख़ुद उठाना पड़ा।

वो दौर आया ज़हानत[5] के दरम्यां 'सर्वत',
कि जानबूझ के हमको फ़रेब[6] खाना पड़ा।

1. रंजिशें 2. शत्रु 3. द्वेष 4. व्यक्तित्व में शामिल 5. बुद्धिमत्ता 6. छल।

अब न रिश्तों में हरारत,[1] न सदाक़त[2] कोई,
ज़िंदगी कहिए कि है ख़ुद से बग़ावत[3] कोई।

टूटता रहता है रह-रह के निगाहों का भरम,
हर मुहब्बत में छुपी होती है नफ़रत कोई।

ज़हन की भूलभुलैयां हैं मगर सुनते हैं,
दूरियों में भी निहां[4] रहती है क़ुरबत[5] कोई।

फ़िक्रो-एहसास का अंदाज़ है अपना-अपना,
चाहे राहत हो, अज़ीयत[6] हो कि हसरत कोई।

कुछ अजब शय[7] है ये जज़्बात का रंगीन तिलिस्म,
छोड़ जाते हैं यहां ग़म भी मसर्रत[8] कोई।

अपने एहसास के सहरा को सजाऊं 'सर्वत',
दो घड़ी को भी मिले गर मुझे फ़ुरसत कोई।

1. गर्मी 2. सच्चाई 3. द्रोह 4. छिपी 5. सामीप्य 6. तकलीफ़ 7. चीज़ 8. ख़ुशी।

ज़िंदगी हर गाम[1] है, कांटों भरा लंबा सफ़र,
मौत के भी बाद बाक़ी है अभी कितना सफ़र।

राह मुश्किल हो कि हो आसां सफ़र जारी रहे,
उतना चलना ही पड़ेगा तुमको, है जितना सफ़र।

रहनुमा[2] की जुस्तजू[3] में वक़्त क्यों ज़ाया करें,
सामने मंज़िल है अपनी और है अपना सफ़र।

ज़ीस्त की वादी का है एक-एक मंज़र ख़ुशनुमा,
पुरख़तर[4] हैं रास्ते और उसपे ये तनहा सफ़र।

हर क़दम बढ़ते रहो या तुम पड़ाव पर रुको,
ज़िंदगी घटती है 'सर्वत' और नहीं घटता सफ़र।

1. क़दम 2. मार्गदर्शक 3. तलाश 4. ख़तरों से भरे हुए।

वो एक नज़र में मुझे पहचान गया है,
जो बीती है दिल पर मिरे, सब जान गया है।

रहने लगा दिल उसके तसव्वुर[1] से गुरेज़ां[2]
वहशी[3] है मगर मेरा कहा मान गया है।

था साथ निभाने का यक़ीं उसकी नज़र में,
महफ़िल से मिरी उठ के जो अनजान गया है।

औरों पे असर क्या हुआ उस होशरुबा[4] का।
बस इतनी ख़बर है मेरा ईमान गया है।

चेहरे पे मिरे दर्द की परछाईं जो देखी,
बेदर्द मिरे घर से परेशान गया है।

इस भीड़ में 'सर्वत' नज़र आने लगी तनहा,
किस कूचे में तेरा दिले-नादान गया है।

---

1. ध्यान 2. विमुख 3. पागल 4. होश उड़ाने वाला।

निस्बत[1] ही किसी से है न रखते हैं हवाले,
हां, हमने जला डाले हैं रिश्तों के क़बाले[2]।

बेरूह हैं अल्फ़ाज, कहें भी तो कहें क्या,
है कौन जो मानी के समंदर को खंगाले।

जिस सिम्त भी जाऊं मैं बिखर जाने का डर है,
इस ख़ौफ़े-मुसलसल[3] से मुझे कौन निकाले।

मैं दश्ते-तमन्ना[4] में बस इक बार गई थी,
उस वक़्त से रिसते हैं मिरे पांव के छाले।

बेचेहरा सही फिर भी हक़ीक़त है हक़ीक़त,
सिक्का तो नहीं है, जो कोई उसको उछाले।

'सर्वत' को अंधेरों से डराएगा कोई क्या,
वो साथ लिए आई है क़दमों के उजाले।

---

1. संबंध 2. मिल्कियत के दस्तावेज़ 3. निरंतर भय 4. इच्छाओं का मरुस्थल।

बज़्म आरास्ता[1] करने के बहाने निकले,
इक फ़साने से यहां कितने फ़साने निकले।

यूं तो हर ख़्वाब की ताबीर[2] भयानक निकली,
जागती आंखों के सब ख़्वाब सुहाने निकले।

आपबीती में भला किसको मज़ा आएगा,
दास्तां अपनी यहां किसको सुनाने निकले।

कितने कमज़र्फ़[3] थे वो लोग जो अपने घर से,
बेबसी अपनी ज़माने को दिखाने निकले।

अजनबी लगते थे जब दूर थे दर्द और सितम,
पास आए तो सब अहबाब[4] पुराने निकले।

दिल की दुनिया में अभी तक हैं अकेले 'सर्वत',
हम तो नादान रहे लोग सयाने निकले।

---

1. सजाना 2. स्वप्न फल 3. ओछे, 4. मित्र।

यूं तो कहने को हम अदू[1] भी नहीं,
हां मगर उससे गुफ़्तगू[2] भी नहीं।

वो तो ख़्वाबों का शाहज़ादा था,
अब मगर उसकी जुस्तजू[3] भी नहीं।

वो जो इक आईना-सा लगता है,
सच तो ये है कि रूबरू भी नहीं।

एक मुद्दत में ये हुआ मालूम,
मैं वहां हूं जहां कि तू भी नहीं।

एक बार उससे मिल तो लो 'सर्वत'
है, मगर इतना तुंदख़ू[4] भी नहीं।

---

1. दुश्मन 2. बातचीत 3. तलाश 4. बदमिज़ाज, गुस्सैल।

भला क्या है ज़माने में बुरा क्या,
क़दम जब उठ गए फिर सोचना क्या।

तुम्हारे नाम की माला जपी है,
हमारी चाहतों का पूछना क्या।

जो आंखों ने कही दिल ने सुनी है,
ज़रूरत उसको लफ़्ज़ों की भला क्या।

अभी कुछ ख़्वाब की बातें हुई थीं,
बताओ तो भला तुमने सुना क्या।

उसी के दम से रौनक थी जहां में,
बज़ुज़[1] उसके ज़माने में रहा क्या।

हंसी में जिसकी बचपन खेलता है,
वो क्या जाने कि होती है अदा क्या।

किताबे-ज़ीस्त[2] 'सर्वत' दे गई है,
नहीं मालूम इसमें है लिखा क्या।

1. सिवाय 2. ज़िंदगी की किताब।

प्यास जो बुझ न सकी उसकी निशानी होगी,
रेत पर लिक्खी हुई मेरी कहानी होगी।

वक़्त, अल्फ़ाज़[1] का मफ़हूम[2] बदल देता है,
देखते-देखते हर बात पुरानी होगी।

कर गई जो मिरी पलकों के सितारे रोशन,
वो बिखरते हुए सूरज की निशानी होगी।

फिर अंधेरे में न खो जाए कहीं उसकी सदा,
दिल के आंगन में नई शमअ़ जलानी होगी।

अपने ख़्वाबों[3] की तरह शाख़ से टूटे हुए फूल,
चुन रही हूं कोई तस्वीर सजानी होगी।

बेज़बां[4] कर गया मुझको तो सवालों का हुजूम[5]
ज़िंदगी आज तुझे बात बनानी होगी।

कर रही है जो मिरे अक्स[6] को धुंधला 'सर्वत',
मैंने दुनिया की कोई बात न मानी होगी।

---

1. शब्द 2. अर्थ 3. सपने 4. गूंगा 5. भीड़ 6. परछाई।

एक भी दीप न यादों का बुझाने देगा,
मेरी आंखों को वही ख़्वाब पुराने देगा।

एक जज़्बा[1] कि नहीं जिसका कोई नाम मगर,
मुझको जीने के लिए कितने बहाने देगा।

मैं जो चाहूं भी कि खो जाऊं उजालों में कहीं
मेरी क़िस्मत का अंधेरा तो न जाने देगा।

कौन जाने कि हक़ीक़त का ख़ज़ाना क्या है,
ऐसा लगता है यही और फ़साने देगा।

ग़म के सोए हुए लम्हों[2] को जगा लो 'सर्वत',
ज़ेहन[3] जागा तो कहां लुत्फ़ उठाने देगा।

---

1. भावना 2. क्षणों 3. मस्तिष्क।

क़ातिल तो नहीं सामने शमशीर सजी है,
शोलों की कमां है कि पये तीर सजी है।

जो सिलसिले रिश्तों के थे सब टूट चुके हैं,
बस यादों की मेहराब पे ज़ंजीर सजी है।

महसूस हुआ है ये जो दिल टूट के रोया,
अश्कों की लड़ी से मेरी तक़दीर सजी है।

शायद कि दिलो-जां के तअल्लुक का निशां हो,
ख़्वाबों के धुंधलके में जो तस्वीर सजी है।

अफ़साना ही बाक़ी है न उनवान[1] ही 'सर्वत',
आंखों में अभी तक वही तहरीर[2] सजी है।

1. शीर्षक 2. लिखावट।

ख़ुशी बादलों बादबानों[1] में है,
तख़य्युल[2] की ऊंची उड़ानों में है।

हवेली थी अजदाद[3] की जिसके नाम,
वही शख़्स अब सर्दखानों[4] में है।

वो ख़ुशबू था झोंका हवाओं का था,
वो जो कुछ भी था अब बयानों[5] में है।

वफ़ा जिसको अनमोल समझे थे हम,
वही आजकल की दुकानों में है।

'दिए' ज़िंदगी के बुझे इस तरह,
धुआं ही धुआं अब मकानों में है।

जो बैठे रहे उम्र भर लब[6] सिए,
अब उनकी सदा[7] आसमानों में है।

है नज़रों से ओझल जो 'सर्वत' अभी,
वो ख़ुशबू की सूरत उड़ानों में है।

1. मस्तूल 2. कल्पना 3. पूर्वज, पुरखे 4. निर्जीव स्थान 5. चर्चाओं 6. होंठ 7. आवाज़।

तुम्हारी याद में आंखों से जब बरसात होती है,
तो ख़ुशबू में नहाई चांद-सी वो रात होती है।

करिश्मा[1] जौहर-ए-ज़ाती[2] का है या सहर[3] है कोई,
हरीफ़ों[4] को मेरे हर-हर क़दम पर मात होती है।

किसी से हम मुख़ातिब हों कोई हो रूबरू[5] अपने,
तुम्हीं को देखते हैं और तुमसे बात होती है।

हमारे पास तो ले देके बस है दर्द की दौलत,
बड़े आराम से अपनी बसर औक़ात होती है।

अंधेरे नामुरादी[6] के अगर आकर सताते हैं,
तो मैं होती हूं 'सर्वत' और ख़ुदा की ज़ात होती है।

---

1. चमत्कार 2. व्यक्तिगत गुण 3. जादू 4. प्रतिद्वंद्वी 5. आमने-सामने 6. इच्छा पूर्ण न होना।

रंग चेहरे पे घुला हो जैसे,
आईना देख रहा हो जैसे।

याद है उससे बिछड़ने का समां,
शाख़ से फूल जुदा हो जैसे।

हर क़दम सहते हैं लम्हों का अज़ाब[1],
ज़िंदगी कोई ख़ता[2] हो जैसे।

यूं जगा देती है दिल की धड़कन,
उसके क़दमों की सदा हो जैसे।

ज़िंदगी यूं है गुरेज़ां[3] 'सर्वत',
हमने कुछ मांग लिया हो जैसे।

---

1. यातना 2. गुनाह, अपराध 3. दूर-दूर रहना।

साथ मेरे अपने साए के सिवा कोई न था,
अजनबी थे सब जहां में आशना[1] कोई न था।

सारे रिश्ते रेत की दीवार थे मौसम के फूल,
बात का सच्चा यहां दिल का खरा कोई न था।

जिनके धोखे थे मिसाली[2] जिनकी बातें नेशतर[3],
सिर्फ़ हम मोहसिन[4] थे उनके दूसरा कोई न था।

ज़िंदगी की दौड़ में हर शख़्स था बेआसरा[5],
शोरे-बेहंगाम[6] में नग़मासरा[7] कोई न था।

इक शजर[8] ऐसा भी राहे-ज़ीस्त[9] में 'सर्वत' मिला,
फूल तो शाख़ों पे थे पत्ता हरा कोई न था।

---

1. वाक़िफ़ 2. आदर्श 3. चुभने वाली 4. एहसान करने वाला 5. बेसहारा 6. बेवक़्त का शोर 7. गीत गाने वाला 8. पेड़ 9. ज़िंदगी की राह।

दर पे हाथी झूलते थे, अब हैं दरबानों के साथ,
वक़्त ने क्या गुल खिलाए हैं गुलिस्तानों के साथ।

दस्त-बस्ता[1] सब खड़े रहते हैं उनके रूबरू,
किसमें हिम्मत बात कर ले क़हर-सामानों[2] के साथ।

एक हम हैं ज़िंदगी करनी हमें आई नहीं,
लोग जी लेते हैं जाने कैसे अरमानों के साथ।

वो जिन्हें जज़्बा मिला था प्यार का अख़लास[3] का,
सबके सब ही हो गए हैं अब तो बेगानों के साथ।

हम चिराग़े-आरज़ू[4] थे इसलिए जलते रहे,
ज़िंदगी गुज़री है 'सर्वत' कितने तूफ़ानों के साथ।

---

1. हाथ जोड़े हुए 2. जुल्म करने वाले 3. निश्छलता 4. इच्छारूपी दीप।

जो ख़ुशबू बनके दिल में बस गया है,
ख़ुदा जाने वो मुझसे क्यों ख़फ़ा है।

वो चेहरा ग़म से कुम्हलाने न पाए,
मिरे होटों पे अब भी ये दुआ है।

तबस्सुम[1] है लबों पर दिल में नफ़रत,
यही इस दौर का नक़्शे-वफ़ा[2] है।

जुदा होकर भी सबके साथ हूं मैं,
नहीं मालूम ये कैसी सज़ा है।

ज़माना चुप है और बोले है 'सर्वत',
यह उसकी बेज़ुबानी[3] का सिला है।

---

1. मुस्कुराहट 2. वफ़ा का नक्श 3. खमोशी।

देखूं तो आज परदा दरे-राज़[1] कौन है,
तनहाइयों की भीड़ में दमसाज़[2] कौन है।

हम अपने ग़म का बोझ तो खुद ही उठाएंगे,
इस शहरे-खुशसवाद[3] में हमराज़ कौन है।

मुद्दत हुई कि भूल चुके हमको सब यहां,
देखें तो जाके आज हमआवाज़ कौन है।

तारी[4] है इक सुकूत[5] फिज़ाओं में चार सू,
बेहिस[6] हवा में माइले-परवाज़[7] कौन है।

'सर्वत' किसी की चाह में घुलने से फ़ायदा,
इस शहरे बेसदा[8] में नवासाज़[9] कौन है।

---

1. राज़ के पीछे 2. दोस्त 3. वह नगर जिसके चारों ओर का दृश्य सुन्दर हो 4. छाया हुआ 5. मौन, चुप्पी 6. चेतना शून्य 7. उड़ान भरता हुआ 8. ख़ामोश शहर 9. गायक।

टूटे दिए जले भी नहीं ख़ाक हो गए,
ज़र्रे चमक के मिशअले-अफ़लाक[1] हो गए।

तनहा-रवी[2] का अपनी जो करते थे कल गिला,
सड़कों पे भीड़ देखके ग़मनाक हो गए।

जिस सादगी पे उनकी ज़माने को नाज़ था,
वो आज उसको बेच के चालाक हो गए।

ख़ुद इक सवाल बनके यहां जी रहे हैं लोग,
फिर भी है ज़ौम[3] साहबे-इदराक[4] हो गए।

'सर्वत' रहे-तलब[5] में सलीक़े की शर्त थी,
ये क्या ! क़दम उठाते ही बेबाक हो गए।

1. आकाश में जलती मशाल 2. अकेले चलना 3. घमंड 4. बुद्धिजीवी 5. चाहत का रास्ता।

मताए-दर्दे-मुहब्बत[1] अजीब होती है,
किसी-किसी को ये दौलत नसीब होती है।

हज़ार क़ाफ़ले आते हैं दिल की राहों में,
जुनूं[2] के वास्ते मंज़िल नक़ीब[3] होती है।

तलाशे-हक़ में जो सादा दिली के साथ चले,
उन्हें नसीब हमेशा सलीब होती है।

ये बात जाके किसी शीशागर[4] से पूछूंगी,
शिकस्ते-दिल की सदा[5] क्यों मुहीब[6] होती है।

है उसके पास बहुत दर्दो-दाग़[7] की दौलत,
अमीर रहती है 'सर्वत' ग़रीब होती है।

---

1. दर्द और प्यार की पूंजी 2. उन्माद 3. पुकारने वाली 4. शीशा बनाने वाला 5. आवाज़ 6. भयानक 7. दर्द और उसके निशान।

# नज़्में

## तुम्हारे नाम लिखती हूं

तुम्हारे नाम लिखती हूं
मोहब्बत और ख़ुशबू के
वफ़ाओं के मसर्रत के
धड़कते दिल के वो नग़मे
जो इंसानों ने धरती पर
हर इक मौसम में गाए हैं

तुम्हारे नाम लिखती हूं
अख़ूवत[1] और उल्फ़त के
सदाक़त और अज़मत के
वो फूलों जैसे अफ़साने
जो इस दुनिया में लोगों ने
सुने हैं और सुनाए हैं

तुम्हारे नाम लिखती हूं
हक़ीक़त और हिकमत[2] के
शराफ़त और जुर्रत[3] के
वो लफ़्ज़ों के ख़ज़ाने सब
तलाशे-आदमीयत ने
जो ख़ुद को खोके पाए हैं

1. एकता 2. नीति 3. साहस।

तुम्हारे नाम लिखती हूं
सभी एहसास और ये दिल
यक़ीनो-अज़्मो-मुस्तक़्बिल[1]
जिन्हें पाने की हसरत में
फ़रिश्तों ने मुझे चाहा
मगर मैं अपनी सारी कायनात
अपना सभी हासिल
तुम्हारे नाम लिखती हूं

1. विश्वास, दृढ़ संकल्प एवं भविष्य।

## सोच के दायरे

मैंने लिखा तो था
नाम दिल के वरक़ पर अछूता कभी
और मासूमो-पाकीज़ा[1] एहसास को
मैंने सीने से अपने लगाकर उसे
कितने सपने बुने

वाहिमों[2] से परे
सोच के दायरे
बर्क़ी[3] लहरों की मानिंद
एहसास-ओ-इदराक[4] को
गुदगुदाते रहे

---

1. निष्पाप और पवित्र 2. भ्रम 3. बिजली 4. अनुभूति और ज्ञान।

## एहसास का वारिदा[1]

जाने ये हादसा
रूह का सानिहा[2]
कब हुआ था
मुझे याद भी तो नहीं
जाने कितने जनम
जाने कितने मह-ओ-साल बीते मगर
अहदे-पाकीज़ा[3] वो
जिसका मफ़हूम[4] इस दौर में
कुछ से कुछ हो गया

वो ख़ुदा का तसव्वुर[5] नहीं
यानी कोई मुक़द्दस[6] हक़ीक़त नहीं
वारिदा है फ़क़त
मेरे एहसास का
मेरे इदराक का
वो जो तक़दीर है आम इंसान की
जिसकी पहचान कोई नहीं

---

1. घटना 2. दुर्घटना 3. पवित्र प्रतिज्ञा 4. अर्थ 5. कल्पना 6. पवित्र।

# टूटती धड़कनें

फिर भी हैं
मेरे इस क़ल्बे-मजरूह[1] की
टूटती धड़कनें
उसके ग़म की अमीं[2]
वो हसीं याद
वो—हादसा रूह का
क्या उसे नाम दूं
सोचती हूं बहुत
ख़्वाब आज़र[3] का जैसे कोई टूट जाए

---

1. ज़ख्मी हृदय 2. साक्षी 3. हज़रत इब्राहीम के पिता, जो मूर्तियां बनाते थे।

## एक दुआ

आरज़ुओं के अंधे कुएं से
शजर एक ख़्वाहिश का उगने लगा
है अभी उसकी आंखों में कुछ रोशनी
ज़र्द चेहरे पे है मुर्दनी-सी खंडी
इल्तिजा उसके होंटों पे है कांपती
ऐ मिरी मरकज़े-ज़िंदगी[1]
मेरी चाहत के नौरस्ता[2] गुल
तू सलामत रहे
खिलखिलाए सदा
मेरी खोई हुई जन्नतें
सब तुझ ही को मिलें

---

1. जीवन का केंद्र 2. नए खिले हुए।

## परछाइयों का सफ़र

जाने किसने कहा–,
प्यार अनमोल है,
रेशमी रात के–
गेसुओं की तरह,
जिसको परछाइयों का सफ़र कह सकें
और वो कौन था,
बादलों की तरह
बिजलियों को सदा प्यार जिसने किया
और करता रहा

दोस्ती–
बाहमी[1] मस्लहत[2] ही सही
जान-ओ-दिल के हिसारों[3] को क्या नाम दूं
ज़िंदगी के सहारों को क्या नाम दूं
जिनसे गुज़रा किया वक़्त का क़ाफ़िला–

नक़्श बनते रहे और मिटते रहे,
ख़्वाब थे जो सवालात बनते गए
मुड़के देखा कि शायद कोई साथ दे
फिर भी हालात का रक़्स जारी रहा
कुछ ख़यालात का रक़्स जारी रहा

---

1. परस्पर 2. नीति 3. चारों तरफ से घिर जाना।

ज़हन-ओ-दिल के तक़ाज़े बदलते रहे
हर ज़रूरत, कि थी रास्ते का निशां
गर्दबादों[1] की सूरत मचलती रही
लम्हा-लम्हा तक़ाज़ों के अंबार में
सोने-चांदी के सिक्कों की झंकार में
वुसअतें[2] ज़िंदगी की सिमटती गईं
दूर तक उसकी कोई भी मंज़िल न थी
और वो
रेगज़ारों[3] में ढलती गई
और सहरा में चलती हवा की तरह
चीख़ते-चीख़ते ख़ुद भी गुम हो गई

1. चक्रवात 2. विस्तार 3. रेगिस्तानों।

## नया अजूबा

आज इन्सानियत को क़त्ल किया
वो भी कहते हैं ख़ुद ही इंसां ने
वो जो अपनी शिनाख़्त भूल गया
और एक लाश
बेकफ़न बेगोर
रास्ते में पड़ी हुई जो मिली
अपने ही ख़ून में नहाई हुई

वो कि जिस्मों का मुर्दाख़ाना है
और जहां पोस्टमार्टम के लिए
रोज़ लाशों को लाया जाता है
मौत का राज़ जानने के लिए

नई तहज़ीब के वो नश्तरज़न[1]
जिनको जर्राह[2] कह नहीं सकते
सीने मुर्दों के चाक करते हैं
जो हैं अंदर छुपे हुए आज़ा[3]
उनको बेपर्दा देखने के लिए
इनकी आंखों में कितनी क़ुव्वत है

लाश को चीर कर भी देख लिया

---

1. चीरा लगाने वाले 2. शल्य चिकित्सक 3. शरीर के अंग।

क़त्ल का उसपे मिल सका न निशां
फ़ैसला जब कोई न हो पाया
सीना-ए-चाक-चाक पर उसके
आख़िरश यह रिपोर्ट लिख दी गई
इसने घबरा के
ख़ुदक़ुशी की है
अपने ख़ंजर से ख़ुद ये क़त्ल हुई
ख़ुद ही मक़्तूल[1]
ख़ुद ही क़ातिल है
ज़िंदगी का ये इसकी हासिल है

उसकी बदबू तो सबने की महसूस
कोई उसके क़रीब आ न सका
मौत का उसकी राज़ पा न सका
वो तो सब उससे दूर-दूर रहे
वो जो हिंदू थे और मुसलमां थे
जानते थे सवाब[2] और गुनाह
कोई उसको मगर न जान सका
अपनी पहचान से अलग होकर
ये भी उससे जुदा था
वो भी जुदा
उसकी अपनी शिनाख़्त कोई न थी
उसने नफ़रत से राम-राम कहा
ये हिक़ारत से पढ़के अस्तग़फ़ार[3]
चल दिए अपने-अपने रस्तों पर
उसकी पूजा का वक़्त आया था
और पढ़नी थी जाके इसको नमाज़

---

1. जिसे क़त्ल किया गया हो 2. पुण्य 3. धिक्कार

जब मसीहा का दौर आएगा
आसमानों से वो जो उतरेगा
और नई रूह इसमें फूंकेगा
ये बताएगी अपनी मौत का राज़
जिसके होटों पे अब है मुहरे-सुकूत[1]
ख़ुद-ब-ख़ुद कल वो टूट जाएगी

वक़्त का यह भी मोजज़ा[2] होगा
यह भी मुमकिन है कोई बात इसे
अपने पिछले जनम की याद न हो
और इक्कीसवीं सदी के लिए
इसकी हस्ती नया अजूबा हो

---

1. ख़ामोशी की मोहर 2. चमत्कार।

## शिकस्ते-दिल का नग़मा

मेरी आंखों ने जो कहा
वो सब
उसके लबों ने सुन लिया
था अजब तरसील[1] का ये सिलसिला
एक भी आज़मूदा-ओ-फ़रसूदा[2] लफ़्ज़
जिसमें न था
और ज़ाहिर में न था आहंग[3] कुछ
ख़ामुशी थी बस ज़बां
और ज़बां ख़ामोश थी
जैसे दोनों वक़्त मिलते हों
और मिलता हो ज़मी से आसमां
वो तसव्वुर था कि ख़्वाब
फ़ैसला मुश्किल तो क्या
मुमकिन नहीं
दायरे अब तंग होते जा रहे हैं
सोच के
ये शिकस्ते-दिल का नग़मा तो नहीं
जो ख़लाओं[4] में बिखर कर रह गया

---

1. संवाद 2. घिसा-पिटा 3. लय 4. शून्य।

## छोटी-सी बात

कभी-कभी यूं ही
कोई छोटी-सी बात
दिल में इस तरह घर कर जाती है
कि भूल जाने की काविशों[1] की तरह
फांस बन कर खटकती रहती है
रूह ख़ुद ही भटकती रहती है।

1. कोशिशों

## अनजानी ख़ुशबू

फिर अचानक नज़र के कमांदार ने
जाने कैसे निशाना बनाया मुझे
और कोई तीर इस दिल को छूता हुआ
ख़ुशबुओं की तरह, रोशनी की तरह
जाने आया किधर से किधर को गया
दिल धड़कता रहा
बर्गे-नै[1] की तरह

आबगीने[2] में शोला भड़कता रहा
शंख की वो सदाएं
जो हृदय में थीं
गोया ख़ुशबू में तहलील[3] होती गईं
और लहरों में दिल का कमल छुप गया
डूबता ही न था जो कभी आब में

मेरी रग-रग में बजती रहीं घंटियां
दिल के मंदिर में ख़ुशबू थी, महकी रही
रात की शबनमी नकहतों[4] की तरह
और पुजारी कहीं चांद के सामने
अपने नादीदा[5] ख़्वाबों में खोया रहा

---

1. बांसुरी की आवाज़ 2. स्फटिक 3. विलय 4. ख़ुशबू 5. अनदेखे।

मेरे हृदय का शंख
जाने क्यों बेसदा हो गया
चांदनी सो गई
कोई आवाज़-थी
गूंजती ही रही
कुंजे-लब[1] से लगी बंसरी की तरह

1. होटों के कोने।

## एक तास्सुर[1]

आंच ठंडी भी होती है
क्या कीजिए
वो मुहब्बत कि जो आग ही आग है
किससे कहिए
कि वो लम्से-शबनम[2] भी है
जैसे रेशम हो फूलों के अन्फास[3] का
जैसे मिट्टी की ख़ुशबू-ए-नमदीदा[4] हो
बस गई हो जो कलियों की बू-बास में
रक़्स करते हुए जुगनुओं की तरह
मुस्कुराते हुए आंसुओं की तरह
जिनसे ज़र्रे सितारों में ढलते रहें
और सितारे ज़मीं पर मचलते रहें

फूल ख़ुशबू भी है
फूल पत्थर भी है
और पत्थर पहाड़ों की पहचान है
और नदियों का, लहरों का हम-रक़्स[5] है
अपनी पहनाइयों[6] को समेटे हुए
और छुपाए हुए दिल में आतिशकदे[7]

---

1. प्रभाव 2. ओस का स्पर्श 3. सांसें 4. भीगी हुई ख़ुशबू 5. साथ-साथ नाचने वाला 6. विशालताओं 7. अलाव।

पेड़ गोया हवाओं के हमराज़ हैं
नीली-नीली फ़िज़ाओं के हमराज़ हैं
इनकी बांहों में है ज़िंदगी का सुकूं
इनके सीने में फ़ितरत का सोज़े-दुरूं[1]
लम्से-दस्ते-सबा[2]
इनका मक़्सूम[3] है
जो ख़िज़ाँ बनके आता है इनके लिए
और शाख़ें कि ख़ुद रक्स-दर-रक़्स हैं
वो फ़िराक़आशना[4] भी हैं दिल की तरह

1. आंतरिक जलन 2. सुबह की सर्द हवा के हाथ का स्पर्श 3. भाग्य 4. वियोगी।

## सराब[1]

किसी को देखने से
वक़्ती सुकून मिलता है
मगर होश आने पर
हक़ीक़त भी परछाईं बन जाती है
लगता है एक धोखा और मिला
अस्ल में कोई किसी को फ़रेब नहीं देता
सब अपने आप को धोखा देते हैं—

हवा को मुट्ठी में बंद करने की ख़्वाहिश
दुख के सिवा और दे भी क्या सकती है
मोहब्बत को हक़ीक़त मानना
हक़ीक़त से आंखें चुराना
सराब के पीछे भागना
और दरिया को नज़रअंदाज़ करना
हमारी अपनी समझ का फेर है

सराब, दरिया
और मोहब्बत, हक़ीक़त नहीं हो सकती
ज़िंदगी इनका अक्स है
और फिर भी
ज़िंदगी इनसे कितनी दूर है

---
1. मृगतृष्णा।

## ज़ख़्म रंग

उसे शायद मुझसे मोहब्बत नहीं थी
मगर मैंने ऐसा ही समझा था
ये सच है कि हर कोई
अपनी नाकाम मोहब्बत की तलाश में
सरगदां[1] रहता है
मैं भी शायद उसकी नाकाम मोहब्बत का
धुंधला-सा अक्स थी
या फिर उसकी आंखें
मुझमें अपना महबूब देख रही थीं
लेकिन मैं
उसका माज़ी[2] कैसे हो सकती थी
मैं तो वक़्त के सीने में धड़कने वाला
वो पल हूं
जो हाल की तरह
अबदी[3] है

रंगों के मिलने से एक नया रंग ज़रूर बनता है
लेकिन किसी रंग की फ़ितरत नहीं बदलती
ज़ख़्म बज़ाहिर भर जाता है
लेकिन मुंदमिल[4] नहीं होता
यादें भी पुराने ज़ख़्मों की तरह
गहरी और तकलीफ़देह होती हैं

---

1. सक्रिय 2. अतीत 3. स्थायी 4. भर जाना।

## आरज़ू-ए-सहर[1]

कितना गहरा अंधेरा था वो अलअमां[2]
और गहरी उदासी-ओ-ख़ामोशियां
ज़िंदगी के लबों पर वो मोहरे-सुकूं
जैसे सहरा की तनहाइयों का फ़ुसूं[3]
फिर भी सर चश्मा-ए-ज़िंदगी[4] के क़रीं[5]
एक मासूम-सी शोख़ चंचल किरण
नूर की कोख से
आरज़ू-ए-सहर की तरह दिलनशीं
मुस्कुराती हुई
ख़ुद से आगे बढ़ी

राह के पेचो-ख़म
जैसे बढ़ते रहे
मंज़िलें थीं कि वो दूर तर हो गईं
वो भटकती रहीं रास्ते के लिए
ज़िंदगी से हसीं—रास्ते के लिए
दोश[6] पर परचमे-तीरगी[7] को लिए
हौल-नाकी[8] के गीतार[9] पर
अलग़रज़
खौफ़-ओ-दहशत के कुछ गीत गाती रही
और रगे-जां की सूरत पिघलती रही
ज़िंदगी थी कि सायों में ढलती रही

---

1. सुबह की आरज़ू 2. ख़ुदा बचाए 3. जादू 4. जीवन का स्रोत 5. नज़दीक 6. कांधा 7. अंधेरे का ध्वज 8. भयानक 9. गिटार।

## क़फ़स-दर-क़फ़स

शफ़क़[1] के लाल रंग से
जो रोशनी का ख़ून है
दिलों की रोशनाई है
उसी को लेके वक़्त ने
क़लम से बर्क़-ओ-बाद[2] के
तुम्हारे नाम लिख दिया
मसर्रतों का सिलसिला
ख़यालो-ख़्वाब का जहां
नज़र-नज़र की कहकशां[3]

ये मेरा हक़–
नहीं, नहीं
मैं ख़ाली हाथ आई हूं
मैं ख़ाली हाथ जाऊंगी

अगरचे ये भी है इक हक़ीक़त
कि जिस्म और रूह के सलासिल[4]
ये क़ैद तो क़ैद ही रहेगी
ये फूल जैसे हज़ार टुकड़े
कि बन गए हैं वजूद मेरा
ये ख़ुद भी हैं सैद[5] रंग-ओ-बू के

---

1. क्षितिज की लालिमा 2. बिजली व हवा 3. आकाश गंगा 4. ज़ंजीर 5. शिकार।

असीर[1] हैं दामे-आरज़ू के
मगर मैं इस दामे-आरज़ू से
अभी तो कुछ दूर ही खड़ी हूं
और उस एक लम्हे की मुंतज़िर[2] हूं
कि जब बिछड़ने के ख़ौफ़ से हम
उस एक लम्हे को आज़ाद होंगे
जो दो किनारों के फ़ासले में
हमें मुक़य्यद[3] किए हुए है

1. क़ैदी 2. इंतजार करने वाला 8. क़ैद में रखना।

## तवील[1] सफ़र की मुख़्तसर[2] नज़्म

तवील है सफ़र मिरा
कोई भी मुस्तक़र[3] नहीं
जहां मैं कोई दम रुकूं
वो साया वो शजर नहीं
कि दिलनशीन वक़्त के
गुलाबी पंछियों को मैं
किसी तरह तो छू सकूं
असीरे-दाम[4] कर सकूं।
कम्मंदे-आरज़ू कोई
कभी तो काम आ सके

ये पंछियों का क़ाफ़ला
ये फूल जैसा सिलसिला
किसी हसीन मोड़ पर
कभी तो मुझसे आ मिले
परों को इनके बांध लूं
रिफ़ाक़तों की डोर से
अजीब कशमकश है ये
कि इसका कोई भी सिरा
नहीं है मेरे हाथ में

1. लम्बा 2. छोटी 3. ठिकाना 4. जाल में फंसा हुआ।

# बाज़गश्त[1]

आज खोया हुआ बचपन मिरा लौट आया है
वही बचपन कि जो खेला था
मुहब्बत के हसीं आंगन में
वक़्त की धूप ने झुलसाया नहीं था जिसको
शफ़क़तें[2] उसपे निछावर थीं
मुहब्बत क़ुरबां
उसको मालूम न था
सख़्त भी होती है ज़मीं
और होता नहीं आंचल भी कोई
वक़्त बेरहम है सब छीन के ले जाता है
और रह जाते हैं यादों के
नक़ूशे-मुबहम[3]

आज फिर यादों ने पहना है लिबासे-रंगीं
आज फिर बू-ए-वफ़ा आई है
फिर वही प्यार की लोरी
वही शाना--वही नींद
मुद्दतों ज़ेहन तरसता रहा जिसकी ख़ातिर
मुद्दतों रूह ने ढूंढ़ा
वही बीता लम्हा
ले गया था जो कभी मुझसे चुराकर मुझको

---

1. प्रतिध्वनि 2. प्यार और आशीर्वाद 3. अस्पष्ट रेखाएं।

मैं
कि गुमगश्ता[1] मुसाफ़िर थी
पता पा न सकी
कुछ सराबों[2] को हक़ीक़त का ख़ज़ाना समझा
पाके खोने का अमल
चलता रहा—चलता रहा
आज फिर वक़्त ने करवट ली है
आज फिर आन मिला है मिरा बचपन मुझसे

1. खोया हुआ 2. मृगतृणाओं।

## लम्हे

गुज़रते आए हैं
अब तक तो माह-ओ साल कई
मगर ये साल, गुज़िश्ता[1] जिसे कहा जाए
चला गया है हमें देके बीम-ओ-यास[2] के फूल
उम्मीदे-फ़रदा[3] बहुत ख़ूब है, मगर फिर भी
हमारे साथ हैं गुज़रे हुए हसीं लम्हे
वो लम्हे—जिनमें मनाया है जश्ने-नाकामी
वो लम्हे—जिनसे चराग़ां हुआ दिलो-जां में
वो लम्हे—जिनका तसव्वुर हसीं है जन्नत से
न भूल पाए हैं हरगिज़ न भूल पाएंगे

नई उमंग, नया जोश, आरज़ू के महल
सुना है लाया है ये साल देखिए क्या हो
बस एक ख़ौफ़
समाया हुआ है नस-नस में
जो छूट जाएगा हमसे ये सब तो क्या होगा
कहां से ढूंढ़ के लाएंगे वो हसीं लम्हे

---

1. पिछला, बीता हुआ 2. भय व निराशा 3. आने वाले कल की आशा।

## बेअमां[1] शजर

ज़िंदगी के सहरा में
जिस तरफ़ भी जा निकली
थी अजीब वीरानी
बेनिशान राहों पर
शिद्दते-तमाज़त[2] से
जांकनी[3] का आलम था

तुम !
कि बन गए उस दम
ख़िज़्र[4] भी,
मसीहा भी,
तुमने आके ज़र्रों को
ज़रफ़िशानियां[5] बख़्शीं
बेअमां शजर को भी
मेहरबानियां बख़्शीं
रूह के खंडर में अब
गुलकदे[6] महकते हैं
फिर से वक़्त जाग उठा
जीस्त[7] बन गई नग़मा !

---

1. असुरक्षित 2. गर्मी की तीव्रता 3. जान निकलने की पीड़ा 4. मार्गदर्शक 5. चमक दमक 6. बाग़ 7. जीवन।

## खेल धूप-छांव का

वक़्त ने जैसे मेरी आंखों पर
आके चुपके से रख दिए दो हाथ
मैं फ़क़त अब तो सोच सकती हूं
यानी किसकी तलाश में निकलूं
किसकी आवाज़ आए मेरे क़रीब
और मैं उसको छू सकूं बढ़कर
वो जो मेरे क़रीब ही है कहीं

जैसे आंखों का बंद रहना भी
जो मुझे सबसे दूर करता है
और मुझमें तलाश का जज़्बा
चुपके-चुपके बढ़ाता रहता है
मैं उसे बढ़के छू सकूं जो कभी
मेरे हाथों में चांद-सूरज हों
नुक़रई[1] क़हक़हा-सा गूंज उठे
बोझ पलकों का जैसे छट जाए
मेरी सूरत हो, मेरी आंखों में

1. उज्ज्वल।

## एक बेशिकस्त[1] रिश्ता

सौ बार मेरे दिल ने पुकारा उसे मगर
सौ बार अपने दिल में पशेमां[2] भी मैं हुई
ऐसा न था कि उसको मिरी क़द्र ही न हो
हां इस क़दर न थी कि वो बेताब भी रहे
रातों को मेरे वास्ते बेख़्वाब भी रहे
था मेरी ज़ात को तो फ़क़त उससे वास्ता
और उसके साथ थे कई रिश्तों के सिलसिले
ज़ंजीर जिसको जुल्फ़े-गिरहगीर[3] कह सकें

दिल उसके सीने में भी धड़कता तो था मगर
मसरूफ़ियत के चाक की रफ़्तार तेज़ थी
लम्से-सदा[4] की शोख़िए-गुफ़्तार[5] तेज़ थी
यूं मैंने उसके आगे शिकायत कभी न की
बस दिल में इक मलाल-सा होता रहा मुझे
ये क्यों है—ये ख़याल-सा होता रहा मुझे
जिसका कोई जवाब न था
वो सवाल था
वो पैकर-ए-हयात[6] भी
मेरा ख़याल था

---

1. न टूटने वाला 2. लज्जित 3. घुंघराले बाल 4. आवाज़ का स्पर्श 5. बातों की चंचलता 6. जीवनरूपी आकार।

## शहरे-इदराक[1]

तल्ख़ियां[2] जब बढ़ीं
शहरे-इदराक की
सारे रिश्ते किसी भीड़ में खो गए
क़ुरबतें[3] ज़हने-ख़ल्लाक़[4] की यों बढ़ीं
एक तस्वीर उभरी, मगर मिट गई
क़ुरबतें—
फ़ासले—!
चाहतें—
नफ़रतें—!!
ज़हने-सादा[5] में पलती रहीं रोज़ो-शब
और फिर एक दिन
सारे रिश्ते, सभी क़ुरबतें
और हम
जाने किस मोड़ पर
किस अंधेरे भंवर में बिखरते गए

---

**1. विवेक का शहर 2. कड़वाहटें 3. नज़दीकियां 4. सर्जक दिमाग़ 5. सरल मस्तिष्क।**

# नागुज़ीर[1]

रास्ते, मरहले[2], मंज़िलें
क़ाफ़ले, फ़ासले, कुलफ़तें[3]
ज़ीस्त—!
बेनाम से वसवसे[4]
आरज़ू—?
ज़िंदा रहने का बस इक भरम !

1. अनिवार्य 2. पड़ाव 3. पीड़ा 4. वहम।

## अनकहे लफ़्ज़ों का आहंग[1]

आज जाने कहां खो गए
मेरी तख़लीक-ओ-तख़ईल[2] के रहनुमा रास्ते
जिनपे चलकर
मैं उस माबदे-फ़िक्र[4] में
अपने अफ़कार अर्पण करूं
और वो
मेरी आग़ोशे-एहसास[5] को
उम्र भर यूं ही रंगीं बनाता रहे
मेरे अल्फ़ाज़, उसके नक़ूशे-क़दम[6]
बढ़के हमरंग हों
और गुज़रते हुए वक़्त को
चंद लम्हों की ख़ातिर सही
रोक दें

लफ़्ज़ वो–
जिनके मानी नहीं
लफ़्ज़ वो–
जिनके मानी भी हैं तह-ब-तह
लफ़्ज़ वो–
जो अछूते भी हैं और पाक़ीज़ा भी
मेरे आंचल में हैं
किसको दूं ?

---

1. शब्दों की लय 2. सृजन एवं कल्पना 3. मार्गदर्शक 4. विचारों का पूजागृह 5. अनुभूति की गोद 6. पदचिह्न।

वो जो औराक़े-दिल[1] पर
इन्हें लिख सके
वो जो पत्थर हो
और फूल बनता रहे

1. हृदय रूपी पन्ने।

## जो हो सके तो...

वो ख़्वाब आंखें
गुलाब चेहरा
वो क़ंदे-लब[1]
वो महकता लहजा
इक उम्र से इंतज़ार में था
मुझे भी ख़ुद उसकी जुस्तजू[2] थी

वो नेक साअत[3]
घड़ी मिलन की
कि धड़कनों में समा गई है
मिरे ख़ुदा तूने दे दिया है
सुकून दिल को
क़रार इस रूहे-मुज़तरिब[4] को
न अब तू मुझको जुदाई देना
जो हो सके तो
मोहब्बतों की ख़ुदाई देना

---

1. होटों की मिठास 2. तलाश 3. क्षण 4. बेचैन आत्मा।

# सहरा

टूटना, बिखरना
और फिर रेत हो जाना
शायद सबका मुक़द्दर है
मुमकिन है–तुम्हारा न हो
लेकिन मुझे एतराफ़[1] है
ये पहाड़-सा दिन
मुझे तोड़ता है
और बिखेर देता है अनगिनत टुकड़ों में
ये ही टुकड़े रेत बन कर
जन्म देते हैं सहरा को

सहरा–
जहां तिश्नगी[2] थिरकती है
ज़र्रे-ज़र्रे में
बेकैफ़ी[3] धड़कती है
और शोला बनकर भड़कता है
हर लम्हे के सीने पर
नाआसूदगियों[4] का अजगर

सहरा–
जहां उस अज़ान[5] को
कोई सुन नहीं सकता
जिसे ज़िंदगी झुक कर सलाम करती है

1. स्वीकृति 2. प्यास 3. आनंद रहित परिस्थिति 4. अभावों से भरपूर 5. पुकार।

## तनहाई

देखो जिसे
वो भीड़ में खोया हुआ लगे
सोचो तो
तहनशीन[1] समंदर में ज़ात के
साए की तरह डूबता, तिरता दिखाई दे
तनहाई—
वो भी ज़ात की
तनहाई—
हिस्सियात[2] की
तनहाई—
हुस्ने-फ़िक्र[3] की
तनहाई—
लुत्फ़े-ज़िक्र की

ये एतबारे-फ़िक्रो-फ़न[4]
ये अंजुमन दर अंजुमन
शोला बन कर जैसे इसको
धीरे-धीरे चाट रही है
जैसे मुरक़्क़े[5] तस्वीरों के
दिल को लुभाती तहरीरों के
वक़्त की दीमक चाट गई हो

---

1. तह में बैठा हुआ 2. अनुभूतियां 3. विचारों का सौंदर्य 4. विचार एवं कला की विश्वसनीयता 5. एलबम।

कोई भी इसको पा न सकेगा
दिल की हदों तक जा न सकेगा
ये तो है एहसास की दौलत
जिसका मुक़द्दर तनहाई है

सिर्फ़ ऐसे लोग ही तनहा होते हैं
वो जिनको एहसास के नश्तर[1]
ज़हर भरे सांपों की सूरत
चुपके से डस जाते हैं
और तनहाई रह जाती है

1. छोटा तेज़ चाकू।

# इज़हार का अलमिया[1]

रोज़ो-तारीख़ मुझको याद नहीं
हां सितम्बर मगर वो था शायद
इसी सूरत से तुझको देखा था
और फिर एक अजनबी की तरह
फ़र्ज़ी रिश्ते से तुझको जोड़ा था
मैंने देखी थी तेरी आंखों में
आरज़ुओं की, ज़िंदगी की चमक
और माथे पे फ़िक्र के साए
मैंने चाहा के तुझसे बात करूं
एक रस्मी-सी मुलाकात करूं
और शाइस्ता[2]-सी मुस्कान सजा कर लब पर
झट से कह दूं कि मुबारक हो यह लम्हा तुझको
मैं मगर कुछ भी नहीं कह पाई

आज फिर है वो ही मौक़ा वो ही सूरत देखो
और ख़ुश हूं
मगर इज़हार से जी डरता है
अपने एहसास को अलफ़ाज़ नहीं दे सकती
अब मैं अलफ़ाज़ का एहसान उठाऊं कैसे
चंद लफ़्ज़ों का सहारा लेकर
दर हक़ीक़त मैं तिरे सामने आऊं कैसे

---

1. त्रासदी 2. सभ्य।

मैं तो ख़ामोश थी
ख़ामोश रहूंगी लेकिन
कर्बे-एहसास[1] भला क्या है
ये कैसे कह दूं
तू इसे जान भी कब सकता है
मुझको पहचान भी कब सकता है
मैं कि बेचेहरा हक़ीक़त भी हूं
पत्थर की तरह

1. अनूभूति की पीड़ा।

## चिराग़ दर चिराग़

ज़ियाएं[1] सभ्यता की, दिल की राहों में
चिराग़ों के सफ़र जैसी
वो कहिए जिनको दीवाली
कि जैसे फूल हों
और रोशनी से जगमगाते हों
नक़ूशे-शब[2] हों
और चांदनी में झिलमिलाते हों
अदा से मुस्कराते हों
कोई दीवार हो और रोशनी उसका मुक़द्दर हो
कि जैसे रेशमी ज़ख़्मों से
दिल में शमएं जलती हों

अंधेरे हैं बहुत
जिनके हज़ारों नाम हैं गोया
फ़क़त बुग्ज़ों-ओ-अदावत[3] तो
यहां कहने की बातें हैं
फ़क़त रावन नहीं है
वक़्त के इफ़रीत[4] हैं कितने
जिन्हें अब राक्षस कहना भी मुश्किल है
वो जिनको जानना भी है
जिन्हें पहचानना भी है

---

1. उजाले 2. रात के निशान 3. द्वेष एवं शत्रुता 4. राक्षस।

## नाशुनीदा[1]

जाने क्या अलफ़ाज़ थे वो सब
जाने क्या मफ़हूम था उनका
क्या समझा था मैंने उनको
क्यों हरदम एहसास पे मेरे
शोला-सा इक लपक रहा है
लफ़्ज़ जो मैंने सुने नहीं हैं
उनके मानी पूछ रहा है

लफ़्ज़ तो बस आवाज़ हैं दिल की
वो जो इनके मानी हैं
यानी वो लायानी[2] हैं
दिल की धड़कन तेज़ हुई है
रेत पे लहरें-सी बनती हैं
और आगे बढ़ जाती हैं
धूप ही अपना साया भी है
काया भी और माया भी है
फैल रही है बनके ख़ुशबू
मैं ख़ुद जिसमें खोई हूं
जाग चुकु हूं सोई हुई हूं
मैं ख़ुद इक एहसास हूं जैसे
लफ़्ज़ भी हूं और मानी भी हूं
लफ़्ज़ चिराग़ की लौ भी तो हैं

---

1. अनसुना 2. निरर्थक।

दिल के दाग़ की ज़ौ[3] भी तो है
फिर सोचो तो कुछ भी नहीं है
परछाईं के मानी क्या हैं
परछाईं खुद लायानी है

---

1. रोशनी।

## रोशनी का मुसाफ़िर

रोशनी का मुसाफ़िर झुकाए जबीं
मग़रबी सम्त में
जिसकी राहें थीं
गोया
शफ़क़ दर शफ़क़
फूल हो जैसे वो भी
वरक़ दर वरक़
उसकी तनहा-रवी
खुशअदाई भी थी
जाने क्यों फिर भी वो
उससे घबरा गया
और जाकर अंधेरों में गुम हो गया

ज़िंदगी थक गई
आस सोने लगी
दिल की धड़कन पे
पहरा उदासी का है
जिसने देखा हो
सूरज को दम तोड़ते
कैसे कोई दिया फिर वो रोशन करे
आरज़ुओं की सरगोशियां
क्यों सुने
रेशमी जाल ख़्वाबों के कैसे बुने

अपनी पलकों पे तारे सजाए भी क्यों
रूठे लम्हों को अपने मनाए भी क्यों

दूर ता दूर ख़ुशबू-सी महकी हुई
बेल गुमनाम फूलों की लहकी हुई
सहर[1] तनहाइयों का बिखरता हुआ
ज़ख़्मे-दिल लम्से-शब[2] से निखरता हुआ
बुझते सूरज का तोहफ़ा है ये दाग़े-दिल
जो चिराग़ों से भी प्यार करता नहीं

कहकशां है मिरे आंसुओं की लड़ी
मेरे अनफ़ास[3] की ख़ुशबुओं की लड़ी
शमअ़ हूं मोम के फूल चुनती हूं मैं
रात के शबनमी जाल बुनती हूं मैं
सुबह होगी तो मैं ख़ुद बिखर जाऊंगी

---

1. जादू 2. रात का स्पर्श 3. सांसें।

## हवाओं का इंतज़ार

आवाज़ कभी नहीं मरती
इसके दरमियान
वक़्त भी हाइल[1] नहीं होता
अगर कभी मेरी बात सुनने को जी चाहे
आवाज़ को कान तरसें
और मुझे तुम अपने दरमियां न पा सको
तो तसव्वुर की खिड़कियां खोल कर
हवाओं का इन्तज़ार करना

1. रुकावट।

## कर्ब-ए-अजनबीयत[1]

अजीब शक्ल से टूटे हैं सिलसिले दिल के
कि अपना घर भी मुझे अजनबी-सा लगता है
न कोई ख़्वाब यहां मुश्तरक[2]
न ताबीरें[3]
ख़याले-ख़ाम[4] की तावील[5] ख़ूब होती है
कि सीने चाक हैं लफ़्ज़ों के
नुत्क़[6] पर ताले
मगर न शोर पे पहरे
न आहटों का शुमार
सुकूं का घुटता है दम
बेहिसी[7] का आलम है
यह मेरा घर है
तो क्यों अजनबी-सा लगता है

1. अजनबीपन का दुख 2. मिला-जुला 3. स्वप्न-फल 4. अपरिपक्व विचार 5. स्पष्टीकरण 6. बोलने की शक्ति 7. चेतनाशून्य।

## लम्हा-लम्हा

लम्स[1] उसका है
मगर इसपे यक़ीं कैसे करूं
लम्हा-लम्हा जो मुझे वक़्त की तारीकी[2] में
थपकियां देता है और ख़्वाब चुरा लेता है
देखकर अश्क मिरी आंखों में
अपने सीने में छुपा लेता है
मेरे बचपन को जगाकर मुझमें
जैसे अफ़सुर्दिगी-ए-जां[3] को मिटा देता है
रोज़ आता है कलेजे से लगा लेता है

कौन कहता है कि वो शख़्स नहीं दुनिया में
वो तो आज़ाद फिरा करता है वादी-वादी
कोई बंद और कोई क़ैद नहीं उसके लिए
आज तुम दफ़्न जिसे करके चले आए हो

---

1. स्पर्श 2. अंधेरा 3. मन की उदासी।

## लोग कहते हैं मगर...

वो हक़ीक़त में कोई साया था
जी रहा था जो अजब तरह की इक प्यास लिए
चंद बरसों की रिफ़ाक़त[1] थी कि पामाल[2] हुई
उम्र भर जिसका मदावा[3] न कभी हो पाया

वो मोहब्बत, वो रिफ़ाक़त, वो वफ़ा की ख़ुशबू
आज भी है मिरी नस-नस में लहू की सूरत
उसके सीने की तमाज़त[4] थी
शुआओं[5] का जलाल[6]
उसकी जुरत[7] का वो मर्दाना कमाल
मेरा बचपन–वो जिसे बू-ए-रमीदा[8] कहिए
उसकी आगोश में पलता रहा फूलों की तरह
जिसने पलकों पे उठाए थे सभी नाज़ मिरे
मेरी हर ज़िद्द का तबस्सुम से दिया जिसने जवाब
लोग कहते हैं कि हम दफ़्न कर आए हैं उसे
लोग कहते हैं–
मगर झूठ भी हो सकता है

---

1. साथ 2. पैरों तले कुचला हुआ 3. इलाज 4. गर्मी 5. किरणों 6. रौब, दबदबा 7. साहस 8. उड़ती हुई ख़ुशबू।

## तनहाइयों की अना[1]

आज के दिन ये एहसासे-कममायगी[2]
कितनी शिद्दत है इसमें ये कैसे कहूँ
और उस पर ये तनहाइयों की अना
अपने ख़्वाबों के पैकर को मैं
लफ़्ज़ की ख़ुशबुओं से सजा दूं अगर
तो भी क्या !
ये तो फिर मेरे अश्कों की सूरत अभी
टूट कर रेज़ा-रेज़ा बिखर जाएंगी

लफ़्ज़ो-मानी के रिश्ते भी क्या चीज़ हैं
वो जो कसबी[3] है ख़ुद मुकद्दस[4] भी है
इस भरी बज़्म में वो जो तनहा भी है
कितनी अज़हान[5] की बंद गलियां भी हैं
और रिवायत के चलते हुए रास्ते
मोड़ अफ़क़ार[6] के
ख़ुद से इन्कार के
ज़िंदगी के अंधेरे में खोए हुए
बुझते-बुझते ये नक़्शे-क़दम के दिए
कौन है वो जो इन सबको रोशन रखे
गर्दबादों की बस्ती की जानिब क़दम
यूं ही बढ़ते रहें

---

1. अहं 2. अभाव का अहसास 3. वेश्या 4. पवित्र 5. मस्तिष्क 6. विचारों।

आख़िर आख़िर हवाओं को चलना भी है
और कांटों से दामन बचाना भी है
मोड़ आते रहें
और जाते रहें
कोई मंज़िल तो हो, जिसकी जानिब क़दम
मेरी आंखों के हमराह चलते रहें
वक़्त के फ़ासले
सब सिमटते रहें

यासो-हसरत[1] के ये सिलसिले
और दरमांदगी[2] की सदा
आबले[3] पांव के
ख़ार चुनते हुए
ये मेरे हमक़दम
रूह के हमनफ़स[4]
जानती हूं मेरे साथ ही जाएंगे
अपनी मंज़िल के साए इन्हें सौंप दो
मेरी तनहाइयों की अना
रास्ता रोककर
मश्विरा दे रही है मेरी ज़ात को

1. निराशा और अधूरी इच्छा 2. बेबसी 3. फफोले 4. साथी।

# न कोई लफ़्ज़ मुक़द्दस

तुम्हारी आंखों की तारीफ़ के लिए मुझको
तराशनी है निहायत हसीन-सी तश्बीह[1]
तमाम पिछले कनाए[2]
तमाम तश्बीहें
अगर करूं मैं मुरत्तब[3] बसूरते मतला[4]
बहुत हसीन लगें
मगर जो हुस्न घुला है तुम्हारी आंखों में
न जाने कितने ही पैग़ाम
कितनी आवाज़ें
तुम्हारी आंखों की ख़ामोशियों में पिनहा[5] हैं
कभी हैं प्यार की लय और हैं कभी नग़मा
कभी उदासी की लौ इनमें झिलमिलाती है
कभी चमकती हैं शमे-उम्मीद[6] की सूरत
कभी ये दिल में उतरती हैं दर्द की मानिंद
अजीब तरह का एहसास
इक अजब-सी कसक
अजीब सरशारी
हज़ारों ख़्वाब सजाए
ये नीमख्वाबीदा[7]
बदलते रूप निगाहों के दिल भी क्या जाने

---

1. उपमा 2. रूपक 3. जमा करना 4. ग़ज़ल का पहला शेर जिसके दोनों मिसरे हम-क़ाफिया हों 5. छिपा हुआ 6. आस का दीपक 7. अलसाई।

न कोई लफ़्ज़ मुक़द्दस
न कोई शै ऐसी
जिसे मैं देख के कह दूं
ये उसकी आंखें हैं
तुम्हारी आंखों की तारीफ़ नामुक्ममल[1] है
तराशनी है मुझे इक हसीन-सी तश्बीह

1. अपूर्ण

## अपने लिए जिओ

अश्क जाने किधर खो गए
मेरी पलकों में बस
ख़ुश्क़ सैलाब है
रक़्से गिरदाब[1] है
आईने की तरह
फ़िक्र-ओ-एहसास का
वो जो तूफ़ान था
तुमने उस पर कोई बांध बांधा तो है
बांध तो बांध है
टूट ही जाएगा
वो सफ़ीना नहीं
जिसको तुम खे सको
तुमको तूफ़ां से जो
दूर ले जा सके

वो जिसे ख़ुद-अज़ीयती[2] कहिए
तुमने शेवा[3] बना लिया अपना
वो तुम्हारी हंसी
नुक़रई[4]-सी खनक
वो लबों की धनक
टूट कर क्यों सराबों में ढलने लगी

1. भंवर 2. आत्म पीड़ा 3. ढंग 4. धवल।

और रगे-जां की सूरत पिघलने लगी
अपनी रानाइयां[1]
अपनी तनहाइयां
ख़ूबसूरत ख़यालों की पुरवाइयां
तुम जिन्हें
रेगज़ारों में दफ़ना चुकीं

ख़्वाब–
वो ख़्वाब नादीदा[2] कहिए जिन्हें
और वो
असनामखाने[3] हसीं वक़्त के
दिल के बुत
नातराशीदा[4] कहिए जिन्हें
जैसे पलकों में अब तक हैं बिखरे हुए
मिटते-मिटते भी हैं कैसे निखरे हुए

तुम जो चाहो
तो सपनों की दहलीज़ पर
चंद लम्हों में फिर
ख़ुशबुओं की तरह
और सियह रात के
जुगनुओं की तरह
झिलमिलाती हुई
मुस्कुराती हुई
मन के आंगन में फिर से महकने लगो
रेशमी बेल बन के लहकने लगो
दिल के दाग़ों को ताबिंदगी[5] दे सको
उन चिराग़ों को फिर ज़िन्दगी दे सको

---

1. सुन्दरता 2. अनदेखे 3. देवस्थान 4. जिन्हें तराशा न गया हो 5. चमक।

वो जो पज़मुर्दा[1] फूलों की सूरत हैं अब
ज़िंदगी का मुक़द्दर—
नए ख़्वाब हैं
तुम भी दर्पण को दिल के अगर जान लो
तुम अगर आज भी ख़ुद को पहचान लो
ज़ीस्त जीना भी है
ज़ीस्त मरना भी है
तजुर्बा ज़हर है
इसको पीना भी है
दूसरों के लिए
तुम भला क्यों जिओ
ज़हर पीना है गर
अपनी ख़ातिर पिओ

1. मुरझाए हुए।

## जज़ीरे[1] सराबों के

मैंने तनहाई को डसने के लिए
प्यार किया
और उस प्यार का ज़हर
मेरी तनहाई में ख़ुशबू की तरह फैल गया
फिर से तनहाई का एहसास
मुझे डसने लगा

अब कि तनहाई ने मिरी
वीरानी का रूप लिया है
एक नया प्यार दामन पसारे हुए
वो जिसे ख़ुदसुपुर्दगी[2] कहिए
दिल को आमादा उसपे करता है
अज़्म[3] पत्थर है
टूट जाता है

फिर नए नक़्श की तमन्ना में
बेल कांटों से भर गई फिर भी
जब सबा रक़्स करती आती है
जानी-पहचानी ख़ुशबुएं लेकर
रेशमी रात की तरह मुझमें
नए साए बखेर जाती है

---

1. टापू 2. आत्म-समर्पण 3. निश्चय।

मुझको मालूम है कि ये सब भी
एक अफ़सूं[1] है
और अफ़साना
ये तो परछाइयों का सहरा है
जो सिमटता है फैलने के लिए
जब मैं इसके क़रीब आती हूं
मुझको छूता है दिल का सन्नाटा
ये भी जैसे हसीन नग़मा है
और मैं इसके सहर से अज़ख़ुद[2]
अपना दामन बचाए चलती हूं
फिर भी ये मुझको छू ही लेता है

ज़िंदगी इक तिलिस्म हो जैसे
रंग-ओ-बू कोई जिस्म हो जैसे
शोला बन जाऊं तब भी क्या हासिल
ख़ाक हो जाऊं तो भी किसके लिए
मैं हूं ख़ुद अपनी ज़ात का साहिल
और बेहासिली है मेरे लिए
जानकर फिर फ़रेब खाती हूं
भूल पर अपनी मुस्कुराती हूं

1. जादू 2. स्वयं।

## लहू के हथियार

ख़ुदा के बन्दे ने बंदिशों की
सितमकशी की सभी रिदाओं[1]
अज़ीयतों की सभी क़बाओं[2] को
तार-तार करने की ठान ली है

ये बातें वो हैं
कि जिनको लिखने में हर मुवर्रिख़[3]
निदामतों[4] से नज़र झुकाए
ये सोचता है
कि नंगी सच्चाइयों को कैसे
वो आज लफ़्ज़ों का पैरहन[5] दे

जो आदमी ने सितम किए हैं
बनामे-इन्सानियत ज़मीं पर
और असलहों से भर ठिकानों से
बह रही हैं
फ़लाकतों[6] और हलाक़तों[7] की हज़ारों नदियां
जो कर गई हैं
दिलों की सब बस्तियों को वीरां

---

1. चादरों 2. लिबास 3. इतिहासकार 4. लज्जाओं 5. वस्त्र 6. निर्धनताएं 7. हत्याओं।

वो आंखें बेरहम होंगी कितनी
जो काली की रूह में उतर कर
तबाहियों को जिलो[1] में लेकर
लहू के दरिया की आग बनकर
ख़ुशी-ख़ुशी मौत का रक़्स देखती हैं

वो क़ल्ब[2] कितने सियाह होंगे
रगों से जिनकी
धुएं के बादल
उमड़ रहे हैं
फ़िज़ा को आलूदा कर रहे हैं

वो जिनके दागों में शैतनत है
गुरूर जिनकी मताए-जां है
नहूसतों के
तबाहियों के
दिलों में अपने इरादे लेकर
वो होके बेबाक सोचते हैं
ज़रा जो मिल जाए और ताक़त
तो सारी दुनिया
हमारे क़दमों पे आ गिरेगी
हमें ही सजदे किया करेगी

मगर ख़ुदा का वो एक बंदा
है जिसकी ताक़त ख़ुदापरस्ती
वो ज़रपरस्तों के आगे
दीवार बन गया है
लहू की तलवार बन गया है

---

1. साथ 2. हृदय।

तमाम ज़ुल्मो-ज़ियादतियों को
उसी ज़मीं पर वो सह गया है
कि जिसमें सोया है 'लश्करे-हुसैनी'[1]

ये वो ज़मीं है
जो 'आले-अहमद'[2] के सब्र और शुक्र की अमीं[3] है
ये जब्र की खूंचिकां कहानी की
शाहिदे-बेज़बां[4] है
सदाक़तों की हिकायतों[5] का
जो एक तूफ़ाने-बेकरां[6] है
कोई अगर लिख सका कभी तो
ये जब्र की दास्तान होगी
जो अश्के-ख़ूं से बयान होगी

1. इमाम हुसैन की फ़ौज जिसमें केवल 72 लोग शामिल थे और ये सभी उन्हीं के परिवार से संबंध रखते थे। 2. पैग़म्बर हज़रत मुहम्मद की संतान 3. अमानतदार, रक्षक 4. मौन गवाह 5. कहानियों 6. बेअन्त तूफ़ान।

## वक़्त का धारा

वक़्त का धारा तेज़ रवां है
किसको किसकी फ़िक्र यहां है
आने वाला दिन क्या लाए
किसने सोचा, कौन बताए...

# बेचेहरा ख़याल

एक ज़ख़्मी परिंदे की तरह
बेचेहरा ख़याल
उलझ गया है अचानक मुझसे
क्या शक्ल दूं इसे
कुछ समझ में नहीं आता
हर चेहरा लहूलुहान, ज़ख़्मी मातमकुनां[1]

हां ! जन्मदिन
किस लम्हे-ए-ताज़ीर[2] का उनवान[3] है
वो दिन—
जब हमने दुनिया में आंखें खोलीं
और सबको चहकते-महकते देखकर
बेनाम ख़ौफ़ से चीख पड़े—चिल्ला उठे
या वो यौम-ए-इश्तियाक़[4]
जब जिस्म में नाजुक जज़्बों की अंगड़ाई ने
रगों में भर दी थीं चिनगारियां
या वो रोज़े-हसरतनाक[5]
जब प्यार की मौत
रूह में उतर गई थी नग़्मा-ए-जाविदां[6] की सूरत

---

1. मातम करने वाला 2. सज़ा का वक़्त 3. शीर्षक 4. उत्सुकता से परिपूर्ण दिवस 5. अधूरी इच्छाओं से भरा दिन 6. अमरगीत।

हां ! जन्म-दिन—
उस दिन को भी तो कह सकते हैं
जब सपनों की सेज पर
सच्चाई के सांप ने डस लिया था हमें
और
वुजूद से गिलागुज़ार[1] रिश्तों का अलहमरा[2]
तजर्बों के बारूद से
बिखरा पड़ा था इधर-उधर
और उदासियों का सहरा
ख़ला[3] की सूरत सामने खड़ा था

□□

1. शिकायत करना 2. एक महल 3. शून्य।